AF547709

GRöLS
Verlage

„Bücher sind wie Fallschirme. Sie nützen uns nichts, wenn wir sie nicht öffnen."

Gröls Verlag

Redaktionelle Hinweise und Impressum

Das vorliegende Werk wurde zugunsten der Authentizität sehr zurückhaltend bearbeitet. So wurden etwa ursprüngliche Rechtschreibfehler *nicht* systematisch behoben, denn kleine Unvollkommenheiten machen das Buch – wie im Übrigen den Menschen – erst authentisch. Mitunter wurden jedoch zum Beispiel Absätze behutsam neu getrennt, um den Lesefluss zu erleichtern.

Um die Texte zu rekonstruieren, werden antiquarische Bücher von Lesegeräten gescannt und dann durch eine Software lesbar gemacht. Der so entstandene Text wird von Menschen gegengelesen und korrigiert – hierbei treten auch Fehler auf. Wenn Sie ebenfalls antiquarische Texte einreichen möchten, finden Sie weitere Informationen auf www.groels.de

Viel Freude bei der Lektüre wünscht Ihnen das Team des Gröls-Verlags.

Adressen
Verleger: Sophia Gröls, Im Borngrund 26, 61440 Oberursel
Externer Dienstleister für Distribution & Herstellung: BoD, In de Tarpen 42, 22848 Norderstedt

Unsere „Edition | Kleine Klassiker“ versammelt über hundert unbestrittene Klassiker der Weltliteratur in einem ästhetisch anspruchsvollen und handlichen Format.

Die Gröls-Klassiker-Editionen gehören heute mit ungefähr tausend Werken zu den größten Sammlungen klassischer Literatur im deutschen Sprachraum. Wir kultivieren und kuratieren damit einen der wertvollsten Bereiche der abendländischen Kultur. Kleine Auswahl:

Francis Bacon • Neues Organon • **Balzac** • Glanz und Elend der Kurtisanen • **Joachim H. Campe** • Robinson der Jüngere • **Dante Alighieri** • Die Göttliche Komödie • **Daniel Defoe** • Robinson Crusoe • **Charles Dickens** • Oliver Twist • **Denis Diderot** • Jacques der Fatalist • **Fjodor Dostojewski** • Schuld und Sühne • **Arthur Conan Doyle** • Der Hund von Baskerville • **Elisabeth von Österreich** • Das Poetische Tagebuch • **Friedrich Engels** • Die Lage der arbeitenden Klasse • **Ludwig Feuerbach** • Das Wesen des Christentums • **Fitzgerald** • Zärtlich ist die Nacht • **Flaubert** • Madame Bovary • **Theodor Fontane** • Effi Briest • **Robert Musil** • Über die Dummheit • **Edgar Wallace** • Der Frosch mit der Maske • **Jakob Wassermann** • Der Fall Maurizius • **Oscar Wilde** • Das Bildnis des Dorian Grey •

Mark Twain • Huckleberry Finns Abenteuer und Fahrten • **Anton Tschechow** • Die Möwe • **Ludwig Tieck** • Der gestiefelte Kater • **Feuerbach** • Das Wesen des Christentums • **Fitzgerald** • Zärtlich ist die Nacht • **Flaubert** • Madame Bovary • **Theodor Fontane** • Effi Briest • **Robert Musil** • Über die Dummheit • **Edgar Wallace** • Der Frosch mit der Maske • **Jakob Wassermann** • Der Fall Maurizius • **Oscar Wilde** • Das Bildnis des Dorian Grey • **Mark Twain** • Huckleberry Finns Abenteuer und Fahrten • **Anton Tschechow** • Die Möwe • **Ludwig Tieck** • Der gestiefelte Kater • **Jonathan Swift** • Gullivers Reisen • **Robert Louis Stevenson** • Die Schatzinsel • **William Shakespeare** • Othello • **Arthur Schopenhauer** • Die Kunst, Recht zu behalten • **Felix Salten** • Bambi • **Platon** • Der Staat • **Arthur Schnitzler** • Traumnovelle • **Friedrich Schiller** • Wilhelm Tell • **Karl May** • Winnetou • **Franz Kafka** • Der Prozeß • Platon • Verteidigungsrede • **Jules Verne** • Reise nachdem Mittelpunkt der Erde • **Leo Tolstoi** • Auferstehung • **August Strindberg** • Inferno • **Julius Stinde** • Familie Buchholz • **Wilhelm Raabe** • Die schwarze Galeere • **Friedrich Nietzsche** • Götzendämmerung • **Gotthold Ephraim Lessing** • Emilia Galotti *und viele weitere Werke….*

Marcus Tullius Cicero

Vom Schicksal

Übersetzung von

Georg Mose

Einleitung

Zur Vollendung seiner Untersuchungen über das Wesen der Gottheit und über die Weissagung, schien dem Cicero auch eine Beleuchtung der Lehre vom Schicksal nöthig. Er hatte über diesen Gegenstand Schriften von Posidonius, Chrysippus, Kleanthes, Diodorus und Carneades vor sich, deren Ansichten, außer der des Letztern, ihn nicht recht befriedigten. Er stellt also in dieser mit Scharfsinn abgefaßten und nicht blos auf der Oberfläche des

Gegenstandes verweilenden Schrift, in einem mehr acroamatischen als dialogischen Vortrage seine Ansichten besonders dadurch auf und fest, daß er die der Andern bestreitet, oder vielmehr in ihrer Nichtigkeit und ihrem innern Widerspruche darstellt. Daß das Buch am Anfang, in der Mitte und am Ende verstümmelt ist, gibt der Augenschein. Was und wie viel aber fehlt, läßt sich schwer bestimmen, Einiges allenfalls aus dem noch vorhandenen Buche Plutarchs über denselben Gegenstand ergänzen.

Cicero spricht hier auf seinem Landgute bei Puteoli, wo er sich nach Cäsars Tode im April und Mai des Jahres der Stadt siebenhundert und neun aufhielt, mit seinem Freunde, dem zum Consul ernannten Hirtius. Der Gang der Untersuchung, so weit sie uns noch vorliegt, ist folgender.

Kap. 1. 2.: Angabe des Gegenstandes, seiner Hauptpunkte und der für nothwendig erachteten Form. Kap. 3.: Andeutung einer Einwendung gegen die Ansicht des Stoikers Posidonius, und der Ablehnung eines Schicksals in dem Sinne, wie Dieser es auffaßte. Kap. 4 – 8.: Betrachtung der Lehre des Stoikers Chrysippus von dem Zusammenhange aller Dinge miteinander. Ablehnung des Einflusses des Schicksals auf unsern Willen, unsere Vorsätze und unsere Bestrebungen, bei dem Zugeständniß, daß jener Zusammenhang nicht nur auf Ereignisse, sondern auch auf die Anlagen und den natürlichen Hang der Menschen einwirke. Kap. 9.: Beleuchtung der Lehre des Megarikers Diodorus von dem

Möglichen, und seiner Ansicht davon: daß nur Das möglich sey, was wirklich sey, oder einmal wirklich werden werde. Kap. 10 – 12.: Widerlegung der Schlußfolge des Chrysippus: daß, wenn keine Bewegung ohne Ursache sey, was man nicht läugnen könne, auch Alles, was geschehe, dem Schicksal zu Folge geschehe. Cicero rettet sich gegen diese Folgerung durch die Erklärung, daß der Wille nicht eine Folge äusserer und vorangehender Ursachen sey. Kap. 13 – 16.: Darstellung des sogenannten faulen Schlusses, vermöge dessen wir gegen nichts uns Bedrohendes Schutzmaßregeln ergreifen dürften, weil es auf den Fall, daß wir zu unterliegen bestimmt seyen, Nichts helfe; und falls wir gerettet werden sollen, unnöthig sey. Es wird eingewendet, daß die Anwendung von Gegenmitteln so gut zum Verhängniß gehöre, als das drohende Uebel selbst; auch jener Schluß zu viel, also Nichts, beweise, weil sonst auch unser ganzer freier Wille aufgehoben würde; den doch

Niemand läugne und läugnen könne. Daraus folge aber, daß nicht Alles in Folge des Verhängnisses geschehe. Kap. 17 – 19.: Erörterung des Mittelweges, den Chrysippus einschlagen wollte, zwischen der Annahme eines durchaus nöthigenden Schicksals, wie die alten Philosophen wollten, und der Behauptung Anderer, daß das Verhängniß auf die freie Bewegung unseres Innern keinen Einfluß habe. Bemerkung, daß sich Chrysippus zur letztern mehr hinneige. Kap. 20.: Dieß sey jedoch auf jeden Fall besser, als der Einfall des Epicurus, der Alles aus der Abweichung der Atome von ihrer senkrechten natürlichen Richtung ableitete.

1.

* * * weil sich dieser Theil der Philosophie auf die Sitten bezieht, die Jene Ethos (ἦθος) nennen, so geben wir ihm gewöhnlich den Namen Sittenlehre (Ethik); allein wir dürfen ihn auch, zur Bereicherung der lateinischen Sprache mit der Benennung *Moral* bezeichnen (oder

Moralphilosophie); wobei wir denn auch die Bedeutung und den Sinn derjenigen Ausdrucksweisen zu erklären haben, welche die Griechen αξιώματα (Axiome) nennen; und was diesen, wenn sie von etwas Künftigem sprechen, und von Dem was geschehen könne oder nicht geschehen könne, für ein Gehalt (und welche Bedeutung) zukomme, ist eine schwer zu lösende Aufgabe. Die Philosophen nennen Dieß die Untersuchung über das Mögliche (περὶ δυνατῶν), und sie gehört ganz in das Gebiet der Logik, welche ich Disputirkunst (ratio disserendi, Dialektik, heisse. Was ich aber in andern Schriften gethan habe, (namentlich) in meinem Werke über das Wesen der Götter, und denen, die ich über die Weissagung verfaßt habe: daß nämlich zwei einander entgegengesetzte Ansichten in einer zusammenhängenden Darstellung sich entfalteten, damit Jeder um so leichter sich an diejenige halten könnte, die ihm am meisten für sich zu haben schiene; Dieß auch bei dieser Abhandlung vom Schicksal zu thun, hat mich ein gewisser Vorfall verhindert. Denn da ich mich auf meinem Landgute bei Puteoli befand, und mein (Freund) Hirtius, (eben) ernannter Consul, in derselben Gegend war, ein Mann mit dem ich in der innigsten Vertraulichkeit lebte, und der von gleicher Liebe zu den Studien, die mich von Jugend auf beschäftigten, beseelt war, so waren wir viel beisammen, und zwar hauptsächlich um Maßregeln zur Herstellung des Friedens und der

Eintracht zu verabreden. Denn da es schien, als suche man nach Cäsars Untergange geflissentlich alle Veranlassungen zu neuen Störungen der Ruhe auf, und wir diesen begegnen zu müssen glaubten; so drehte sich fast unsere ganze Unterhaltung um diese Berathungen, und Dieß war unter andern auch an einem Tage, wo wir uns mehr selbst überlassen waren, und seinen Besuch bei mir nicht so viele uns unterbrechende Leute störten, anfangs der Fall, daß wir nämlich erst unser tägliches und gleichsam stehendes Capitel von Friede und Ruhe abhandelten.

2.

Als Dieß abgethan war, nahm Jener das Wort und sagte: „Nun denn, da du doch wohl deine rednerischen Uebungen, wie ich hoffe, zwar noch nicht ganz aufgegeben, aber wenigstens der Philosophie den Rang vor ihnen eingeräumt hast, kann ich dich nicht Etwas vortragen hören?“ O ja, erwiederte ich, entweder hören oder selbst vortragen. Denn ich habe nicht nur (wie du ganz richtig annimmst) jene rednerischen Uebungen nie aufgegeben, zu welchen ich auch dich begeisterte, wiewohl du glühenden Eifer für sie zu mir mitbrachtest; sondern die Gegenstände, welche mich jetzt beschäftigen, verstärken noch jene Fertigkeit, anstatt sie zu schwächen. Denn gerade mit der Weise zu philosophiren, zu der ich mich bekenne, steht der Redner in sehr vertrautem Verhältnisse. Schärfe nämlich borgt er von der Academie, und gibt ihr dagegen Fülle der Rede und Schmuck des Ausdrucks zurück. Weil denn nun, sage ich, beide Arten von Studien in das Gebiet gehören, in dem ich zu Hause bin; so magst du heute freie Wahl haben, welches von beiden dir einen Genuß verschaffen soll. „Das heisse ich gefällig, erwiederte Hirtius, und ganz im Character deiner Handlungsweise; denn nie schlägt mir deine Willfährigkeit die Gewährung eines Wunsches ab. Weil ich jedoch deine rhetorische Kunst hinlänglich kenne, ich dich auch in diesem Fache schon oft gehört habe, und noch oft hören werde, und deine tusculanischen Unterhaltungen einen Beweis davon liefern, daß du die bekannte Weise der Academiker, Vorträge zur Widerlegung eines aufgestellten Satzes zu halten, dir eigen gemacht hast; so will ich, wenn es dir nicht lästig ist, eine Behauptung aussprechen, und dann darüber vernehmen, was du zu sagen hast.“ Kann mir denn wohl, antwortete ich, irgend Etwas lästig seyn, von dem ich weiß, daß es dir Freude machen wird? Doch, wenn du mich sprechen hörst, so vergiß nicht, daß du einen Römer vor dir hast, der sich schüchtern an diese Vortragsweise wagt, einen Mann, der sich nach langer Unterbrechung jetzt erst wieder zu diesen Studien wendet. „Nun, erwiederte er, ich werde dich eben sprechen hören, wie ich Das lese, was du geschrieben hast. So beginne denn.“

(Große Lücke.)

3.

Wir erwägen hier * * wo in einigen (Fällen) dieser (Art) zwar, z. B. bei dem Dichter Antipater, bei den am kürzesten Tage des Jahres Gebornen, bei den zugleich erkrankten Brüdern, bei'm Harn, bei den Nägeln, und sonst dergleichen Dingen, der Einfluß der Natur sich geltend macht, den ich nicht bestreite, allein kein unwiderstehliches Walten des Schicksals; in andern aber kann Einiges zufällig seyn, wie bei jenem Schiffbrüchigen, wie bei Icadius, wie bei Daphitas. Einiges scheint auch Posidonius (mein Lehrer mag mir Das nicht übel nehmen) erdichtet zu haben. Es ist wenigstens, meines Erachtens, abgeschmackt. Sage mir, z. B., wenn es dem Daphitas verhängt war, durch den Sturz von einem Pferde das Leben zu verlieren, mußte es dann von dem Pferde seyn, das, da es kein eigentliches Pferd war, einen uneigentlichen Namen hatte? Oder lautete die Warnung an den Philippus so: er sollte sich vor dem kleinen Viergespann auf dem Schwertgriffe in

Acht nehmen? Als ob er durch den Schwertgriff getödtet worden wäre! Was liegt aber Bedeutendes darin, daß jener namenlose Schiffbrüchige (nachher) in einem Bache niedergefallen (und ertrunken) ist? Wiewohl Jener schreibt, es sey gerade Diesem prophezeit worden, er werde im Wasser umkommen müssen. Ich, wahrlich, sehe nicht einmal bei dem Seeräuber Icadius ein bestimmtes (nothwendiges) Schicksal. Denn er schreibt nicht, es sey ihm voraus verkündigt worden. Was liegt denn also Wunderbares darin, daß von einer Höhle herab ihm ein Felsstück auf die Schienbeine gefallen ist? Ich glaube nämlich, es würde, falls auch Icadius nicht in der Höhle gewesen wäre, jenes Felsstück dennoch gefallen seyn. Denn es gibt entweder gar nichts Zufälliges, oder gerade Das konnte sich durch Zufall ereignen. Ich frage also (und dieß ist eine weitumfassende (folgereiche) Frage), wenn es durchaus weder Namen, noch Wesen, noch Wirksamkeit des Schicksals gäbe, und entweder das

Meiste oder Alles von Ungefähr, ohne Grund, durch Zufall geschähe: würde es sich anders ereignen, als es sich jetzt ereignet? Was braucht man also ein Schicksal (in den Lauf der Dinge) einzuzwängen, da ohne Schicksal sich die Verhältnisse aller Dinge auf die Natur oder das Glück beziehen lassen.

4.

Doch entlassen wir den Posidonius, wie billig, mit einem freundlichen Worte, und wenden wir uns zu den Fallstricken des Chrysippus zurück.

Ihm wollen wir zuerst in Beziehung auf den Einfluß der Dinge (auf einander) selbst, antworten, das Uebrige dann später berücksichtigen. Was für ein großer Unterschied zwischen der Natur der Oerter ist, sehen wir; daß nämlich einige gesund sind, einige ungesund; daß an einigen schleimreiche und gleichsam übervoll saftige Menschen leben, an andern ausgetrocknete und eingedörrte, und noch vieles Andere gibt es, worin zwischen einem Orte und dem andern ein großer Unterschied Statt findet. Athen hat eine dünne Luft, woher auch der größere Scharfsinn der Attiker kommen soll; Thebä eine dicke, daher die Plumpheit und Körperstärke der Thebaner. Doch wird weder jene dünne Luft die Wirkung haben, daß Einer den Zeno oder den Arcesilas, oder den Theophrastus hört, noch die dicke, daß er lieber zu Nemea als auf dem Isthmus den Sieg erkämpfen will. Oder ich nehme noch entferntere Räume an: was kann denn die Natur des Ortes es veranlassen, daß ich lieber in der Säulenhalle des Pompejus, als auf dem (Mars-) Felde lustwandle? lieber mit dir, als mit einem Andern? lieber am Idustage, als an den Kalenden? So wie also auf einige Dinge die Natur des Ortes einigen Einfluß hat, auf andere aber keinen, so mag, wenn du willst, die Beschaffenheit der Gestirne auf einige Dinge eine Wirkung äußern; auf alle wird sie gewiß nicht wirken. Indessen, weil sich in den Menschennaturen Verschiedenheiten (der Art) finden, daß Einige das Süße, Andere das

Bitterliche lieben; Einige Lüstlinge, Andere jähzornig oder grausam, oder hochmüthig sind; Andere vor dergleichen Lastern einen Abscheu haben; weil demnach, sagt er, die eine Natur so verschieden von der andern ist, was Wunder, daß diesen Unähnlichkeiten verschiedene Ursachen zum Grunde liegen?

5.

Während er so spricht, bemerkt er gar nicht, wovon die Rede ist, und um was sich (denn eigentlich) der Streit dreht. Denn wenn die Einen zu Dem, die

Andern zu Jenem geneigter sind, und zwar aus natürlichen und vorangegangenen Ursachen, so sind deswegen noch nicht gleich auch von unsern Willensbestimmungen und Neigungen natürliche und vorangegangene Ursachen (anzunehmen). Denn verhielte sich die Sache so, so wäre unsere Willensfreiheit ein Nichts. Nun aber gestehen wir zu, ob wir scharfsinnig oder stumpfsinnig, ob wir stark oder schwach seyen, hänge nicht von uns ab. Wer aber glaubt, daraus folge nothwendig, daß es nicht einmal von unserem Willen abhänge, zu sitzen oder herum zu wandeln, der sieht nicht, wie Ursachen und Folgen der Dinge mit einander zusammenhängen. Denn mögen Talentvolle und Hartköpfige in Folge vorausgehender Ursachen so geboren werden, desgleichen Starke und Schwache; daraus folgt doch noch nicht, daß ihr Sitzen und Wandeln und all' ihr Handeln durch uranfängliche Ursachen bestimmt und festgesetzt ist. Der Philosoph aus der Megarischen Schule, Stilpo, soll ein scharfsinniger und zu seiner Zeit geachteter Mann gewesen seyn. Und doch schreiben von ihm seine eigenen vertrauten Freunde, er sey zum Trunke und zu Ausschweifungen mit Weibern geneigt gewesen, und Dieß schreiben sie nicht um ihn zu tadeln, sondern vielmehr zu seinem Lobe. Er habe nämlich (sagen sie) seine zur Unsittlichkeit geneigte Natur durch geistige Ausbildung so gezähmt und gebändigt, daß nie ein Mensch ihn betrunken oder eine Spur von

Wollüstigkeit an ihm bemerkt habe. Und lesen wir nicht von Socrates, wie ihn der Physiognomiker Zopyrus characterisirt hat, der, seiner Versicherung zu Folge, die Geschicklichkeit besaß, den Character und die Naturanlage der Menschen aus ihrem Körper, dem Blicke, der Gesichtsbildung und der Stirne zu entziffern? Für einen harten und schwerbegreifenden Kopf erklärte dieser Mann den Socrates, weil er keine gebogenen Schlüsselbeine habe; diese Theile seyen bey ihm verstopft und verschlossen; auch sey er, fügte er hinzu, zur Ausschweifung mit Weibern geneigt, worüber denn Alcibiades ein Gelächter aufgeschlagen haben soll. Doch dergleichen Fehler können aus natürlichen Ursachen entspringen; daß sie aber mit der Wurzel und von Grund aus vertilgt werden, so daß Der, welcher den Hang dazu gehabt, von solchen großen Fehlern abgebracht wird, Das beruht nicht auf natürlichen Ursachen, sondern auf dem Willen, dem Bestreben und der Zucht. Dieß Alles verliert seine Wirksamkeit, wenn aus der Ansicht von der Weissagung der Einfluß und das Wesen des Schicksals Bestätigung gewinnt.

6.

Denn, gibt es eine Weissagung, von welchen auf Kunst beruhenden Wahrnehmungen geht sie aus? Wahrnehmungen nenne ich, was Griechisch Theoreme (θεωρήματα) heißt. Denn ich glaube nicht, daß ohne Wahrnehmung irgend eine

Klasse von Künstlern ihre Kunst betreibe, oder Die, welche die Weissagung sich angelegen seyn lassen, das Künftige voraussagen. Die Wahrnehmungen der Astrologen nun sind von folgender Art: Wenn Einer, z. B., bei dem Aufgange des Hundssterns geboren ist, Der wird nicht auf dem Meere sterben. Sey wachsam, Chrysippus, damit du nicht deine Streitsache, wegen welcher du mit dem Diodorus einem gewaltigen Dielektiker, einen harten Kampf hast, ihm gewonnen gibst. Denn wenn wahr ist, was so gefolgert wird: „Wenn Einer bei'm Aufgange des Hundssternes geboren ist, so wird er nicht auf dem Meere sterben;“ so ist auch der Satz wahr: „Wenn Fabius bei'm Aufgange des Hundssterns geboren ist, so wird Fabius nicht auf dem Meere sterben.“ Es widerstreiten sich also die beiden Sätze: „Fabius ist bei'm Aufgange des Hundssterns geboren,“ und: „Fabius wird auf dem Meere sterben;“ und weil bei Fabius als gewiß angenommen wird, er sey bei'm Aufgange des Hundssterns geboren, so widerstreiten sich auch die beiden Sätze, daß Fabius (auf der Welt) sey, und daß er auf dem Meere sterben werde. Folglich liegt auch in der Verbindung folgender Sätze ein Widerspruch: „Es gibt einen Fabius," und „Fabius wird auf dem Meere sterben." Ein Satz, der, wie er hingestellt ist, unter die Unmöglichkeiten gehört. Es gehört also die Behauptung: „Fabius wird auf dem Meere sterben," in das Gebiet des Unmöglichen. Folglich ist Alles, was von der Zukunft unwahr behauptet wird, unmöglich.

7.

Allein gerade Das, Chrysippus, willst du gar nicht, und eben darüber bist du mit dem Diodorus im Streit. Denn Dieser erklärt Das allein für möglich, was entweder wahr ist, oder in Zukunft wahr seyn wird; und was künftig seyn werde, von Dem sagt er, es müsse nothwendig seyn, und was künftig nicht seyn werde, Das erklärt er für unmöglich. Du aber behauptest nicht nur, es sey Das möglich, was nicht seyn wird, z. B. daß dieser Edelstein zerbreche, auch wenn sich Dieß niemals ereignen werde; sondern auch, es sey nicht nothwendig gewesen, daß Cypselus zu Corinth König werde, ob Dieß gleich vor tausend Jahren durch ein Orakel des Apollo prophezeit worden. Allein, wenn du jene göttlichen Voraussetzungen gelten lässest, so wirst du auch, was von dem Künftigen Falsches gesagt wird, unter die Dinge rechnen, die nicht möglich sind; z. B., wenn man etwa sagt, Africanus werde

Carthago erobern; und, wenn vom Künftigen das wirklich Erfolgende gesagt, und Dieß so sich ereignen wird, so mußt du es dann wohl nothwendig nennen. Diese ganze Ansicht des Diodorus stellt sich der eurigen feindlich gegenüber. Denn wenn folgende Satzverbindung richtig ist: „Wenn du bei'm Aufgange des Hundssterns geboren bist, so wirst du nicht auf dem Meere sterben;“ und das erste Glied dieser Satzverbindung. „du bist bei'm Aufgang des Hundssterns geboren,“

nothwendig ist (denn alles in der Vergangenheit Wahre ist nothwendig, wie Chrysippus gegen die Ansicht seines Lehrers Cleanthes annimmt, weil es unveränderlich ist, und das Vergangene sich aus dem Wahren nicht (mehr) in das Falsche verwandeln kann), wenn also das Vorderglied der obigen Satzverbindung nothwendig ist, so folgt daraus auch die Nothwendigkeit dessen, was sich daran anschließt. Wiewohl Dieß dem Chrysippus nicht allgemein gültig scheint. Indessen kann doch, wenn in der Natur die Ursache liegt, warum Fabius auf dem Meere nicht sterben soll, Fabius unmöglich auf dem Meere sterben.

8.

Hier fühlt sich denn Chrysippus in die Enge getrieben, und hofft, es werden sich die Chaldäer und die übrigen Weissager täuschen lassen, und ihre (gewöhnlichen) Satzverbindungen nicht brauchen, um ihre Wahrnehmungen so auszusprechen: „Wenn Einer bei'm Aufgange des Hundssterns geboren ist, der wird auf dem Meere nicht sterben;“ sondern vielmehr sich so ausdrücken: „Es trifft sich nicht, daß Einer bei'm Aufgange des Hundssterns geboren sey, und (doch) auf dem Meere sterbe.“ Lächerliche Anmaßung! Um für seine Person sich nicht dem Diodorus blos zu stellen, belehrt er die Chaldäer, wie sie ihre Wahrnehmungen ausdrücken müssen. Denn ich frage: wenn die Chaldäer so sprächen, daß sie, statt die allgemein gültigen Sätze verbunden aufzustellen, lieber die Verneinungen (die verneinenden

Formen) der allgemein gültigen Satzverbindungen ausdrückten, warum sollten Dieß die Aerzte, die Meßkünstler, warum Andere nicht können? Ein Arzt insbesondere wird dann eine Wahrnehmung in seiner Kunst nicht so aufstellen: „Wenn Einem die Adern so schlagen, der hat das Fieber;“ sondern lieber so: „Es trifft sich nicht, daß ihm die Adern so schlagen, und er (doch) das Fieber nicht hat.“ Gleicherweise wird der Meßkünstler nicht so sagen: „Auf einer Kugel durchschneiden die größten Kreise einander in der Mitte;" sondern lieber so: „Es gibt auf der Kugel keine größten Kreise, die einander nicht in der Mitte durchschneiden. Was gibt es, das sich nicht auf jene Weise aus einer Satzverbindung in eine Verneinung der Nebeneinanderstellungen umwandeln ließe? Es lassen sich ja wirklich dieselben Dinge auf ganz verschiedene Weise ausdrücken. So eben sagte ich: „Auf einer Kugel durchschneiden die größten Kreise einander in der Mitte." Ich kann auch sagen: „Wenn auf einer Kugel größte Kreise sind;“ Ich kann sagen. „Weil auf einer Kugel größte Kreise seyn werden.“ Es gibt viele Arten sich auszudrücken, aber keine verschränktere, als die, von welcher Chrysippus hofft, daß die Chaldäer der Stoiker wegen mit ihr zufrieden seyn werden.

9.

Von Jenen jedoch spricht Keiner so: denn es ist mühsamer, diese Verschränkungen des Ausdrucks, als den Auf- und Untergang der (himmlischen) Zeichen zu lernen. Doch wenden wir uns zu jenem Streite des Diodorus zurück, den man die Frage περὶ δυνατῶν (über das Mögliche) nennt, wobei untersucht wird, was Das heissen wolle: es könne Etwas geschehen. Da stellt denn Diodorus den Satz auf: Das allein könne geschehen (sey möglich), was entweder wirklich sey, oder wirklich seyn werde. Dieser Punkt steht in Verbindung mit folgender Behauptung: Daß Nichts geschehe, was nicht nothwendig gewesen sey;

und: Was geschehen könne (möglich sey), Das sey entweder bereits, oder werde seyn; und: Was geschehen werde, lasse sich eben so wenig aus dem Wirklichen in's Nichtwirkliche (aus dem Wahren in das Nichtwahre) verwandeln, als Das, was geschehen sey; das Geschehene aber habe das Gepräge der Unveränderlichkeit; bei manchen künftigen Dingen, weil (die Unveränderlichkeit) nicht klar vorliege, scheine sie nicht einmal darin zu liegen. so daß (z. B.) es bei Einem, der an einer tödtlichen

Krankheit darnieder liege, wahr sey, wenn man sagt. „Dieser wird an dieser Krankheit sterben.“ Daß aber Dieß eben so gut geschehen werde, wenn es mit Wahrheit von Dem gesagt werde, bei dem die Heftigkeit der Krankheit nicht so auffallend am Tage liegt. Daraus folgt, daß auch nicht in Dem, was künftig ist, eine Umwandlung des Wirklichen in's Nichtwirkliche möglich ist. Denn (der Satz): “Scipio wird sterben,“ hat die Bedeutung, daß, wiewohl er von etwas Künftigem ausgesprochen wird, doch dieses unmöglich sich in ein Nichtwahres umwandeln kann. Denn es wird ja von einem Menschen ausgesagt, bei Dem Sterben eine Naturnothwendigkeit ist. Würde (bestimmt) so gesagt werden: „Scipio wird des Nachts in seinem Schlafgemache eines gewaltsamen Todes sterben," so wäre auch Das wahr gesprochen. Denn es würde (damit) gesagt, es werde sich Das ereignen, was wirklich zukünftig wäre; daß es aber zukünftig gewesen (wirklich bevorgestanden) sey, muß man daraus erkennen, weil es geschehen ist. Auch war der Satz: „Scipio wird sterben," nicht wahrer, als der: „Er wird auf jene Weise sterben;" und die Nothwendigkeit, daß Scipio sterbe, war nicht größer, als die, daß er auf jene Weise sterbe; und der Satz: „Scipio ist ermordet worden," war eben so wenig aus einem wahren in einen falschen zu verwandeln, als der: „Scipio wird ermordet werden;" und da dem so ist, gibt es keinen Grund für den Epicurus, das Schicksal zu fürchten, und bei den Atomen ein

Auskunftsmittel zu suchen, dadurch daß er sie von ihrer Bahn abweichen läßt, und zu gleicher Zeit sich in zwei unauflösliche Widersprüche zu verwickeln; den einen: daß Etwas ohne Ursache geschehen soll, woraus sich ergäbe, daß aus Nichts Etwas würde; ein Satz, den weder er noch irgend ein Naturforscher gelten läßt; den zweiten: daß, während zwei Atome durch den leeren Raum sich bewegen, der eine sich gerade (senkrecht) bewege, der andere schief. Es darf nämlich Epicurus, wenn er zugibt, jeder ausgesprochene Satz sey entweder wahr oder falsch, nicht besorgen, es müsse dann nothwendig Alles durch das Schicksal geschehen. Denn nicht aus von Ewigkeit her bestimmten Ursachen, die aus Naturnothwendigkeit fließen, ist Das wahr, was so ausgesprochen wird: „Carneades begibt sich in die Academie;“ und doch auch nicht ohne Ursachen; allein es ist ein Unterschied unter zufällig vorausgegangenen Ursachen, und unter Ursachen, die eine Naturwirkungskraft in sich schließen. So war zwar der Satz: „Epicurus wird sterben, nachdem er zwei und siebenzig Jahre gelebt hat unter dem Archon Pytharatus," von jeher wahr; und doch lagen keine vom Schicksal verhängte Ursachen zum Grunde, warum es so geschehen mußte; allein, weil es so geschah, mußte es doch wohl so geschehen, wie es geschah. Auch Diejenigen, welche sagen, Das, was geschehen werde, sey unveränderlich, und das wirklich Zukünftige könne sich nicht in ein Nichtwirkliches verwandeln, bestätigen damit nicht die Nothwendigkeit des Schicksals, sondern erklären blos die Bedeutung der Ausdrücke. Diejenigen aber, welche eine ununterbrochene Reihe von Ursachen einführen (voraussetzen), berauben den menschlichen Geist seines freien Willens und fesseln ihn durch die Nothwendigkeit des Schicksals.

10.

Doch genug hievon. Wenden wir uns zu Anderem. Es schließt nämlich Chrysippus auf folgende Weise: „Gibt es eine Bewegung ohne Ursache, so wird nicht jeder ausgesprochene Satz, was die Dialektiker Axiom (αξιώμα) nennen, entweder wahr oder falsch seyn. Denn was keine bewirkenden Ursachen haben wird, das wird weder wahr noch falsch seyn. Jeder ausgesprochene Satz ist aber entweder wahr oder falsch. Also gibt es keine Bewegung ohne Ursache. Ist dem so, so geschieht Alles, was geschieht, zu Folge vorangegangener Ursachen. Ist Dieß wahr, so geschieht Alles dem Schicksal zu Folge. Es ergibt sich also, daß Alles, was geschieht, dem Schicksal gemäß geschieht. Hier möchte ich zuerst dem Epicurus Recht geben, und behaupten, es sey nicht wahr, daß jeder ausgesprochene Satz entweder wahr oder falsch sey; lieber will ich diese Blöße geben, als der Behauptung beipflichten, daß Alles dem Schicksal zu Folge geschehe. Denn jene Ansicht hat doch noch Etwas für sich, die letztere aber ist geradezu unerträglich. Darum strengt auch Chrysippus alle Sehnen an, um seinem Satze Beifall zu verschaffen, daß jedes Axiom entweder wahr oder falsch sey. Denn wie Epicurus fürchtet, er möchte, wenn er Dieses einmal zugegeben habe, auch zugeben müssen, daß Alles, was nur immer geschieht, durch das Schicksal geschehe (denn wenn Eines oder das Andere von Ewigkeit her wahr sey, so sey es auch gewiß, und wenn gewiß, auch nothwendig; und so glaubt er, wäre dann die Nothwendigkeit und das Schicksal bestätigt), so fürchtet Chrysippus, er möchte, wenn er die

Behauptung nicht festhalte, daß jeder ausgesprochene Satz entweder wahr oder falsch sey, auch den Satz nicht halten können, daß Alles dem Schicksal und den ewigen Ursachen aller kommen sollenden Dinge zu Folge geschehe. Epicurus aber glaubt der Nothwendigkeit des Schicksals ausweichen zu können, indem er Atome eine Abweichung (von der geraden, senkrechten Linie) annehmen läßt. Und so entsteht denn eine dritte Bewegung, außer der durch die Schwerkraft und den Stoß, wenn ein Axiom um den kleinsten Theil des Raumes abweicht. Das nennt er das Elachiston (Kleinste). Daß diese Abweichung ohne Ursache geschehe, das ist er genöthigt, wo nicht ausdrücklich, doch thatsächlich (factisch) einzugestehen. Denn ein Atom weicht nicht durch den Stoß eines andern Atoms ab. Wie kann denn wohl eins vom andern einen Stoß bekommen; wenn die untheilbaren Körper durch ihre Schwerkraft senkrecht fallen, in geraden Linien, wie Epicurus behauptet? Denn, wenn nie das eine vom andern gestoßen wird, so folgt, daß sie auch einander nicht einmal berühren. Daraus ergibt sich denn, daß wenn ein Atom wirklich abweicht, es ohne Ursache abweicht. Diese Auskunft hat Epicurus aus dem Grunde ausgesonnen, weil er fürchtete, es möchte uns, wenn jedes Atom immer sich seiner natürlichen und nothwendigen Schwerkraft gemäß bewegte, kein Spielraum für freie Selbstthätigkeit bleiben, da die Seele eben sich so bewegen würde, wie sie durch die Bewegung der Atome genöthigt wäre. Darum wollte Democritus, der die Lehre von den Atomen aufgebracht, lieber annehmen, es geschehe Alles zu Folge der Nothwendigkeit, als den untheilbaren Körpern nicht ihre natürliche Bewegung lassen.

11.

Scharfsinniger ging Carneades zu Werke, welcher lehrte, es können die Epicuräer ihre Sache ohne dieses Hirngespinnst von einer Abweichung vertheidigen. Denn da sie lehrten, es sey eine freiwillige Bewegung der Seele möglich, so hätten sie besser gethan, diesen Satz zu vertheidigen, als eine Abweichung anzunehmen, für die sie noch obendrein keine Ursache finden können. Und hätten sie Dieß durchgefochten, so könnten sie sich leicht gegen den Chrysippus halten. Denn hätten sie auch zugestanden, daß es keine Bewegung ohne Ursache gebe, so brauchten sie doch nicht zuzugeben, es geschehe Alles, was geschieht, in Folge vorausgehender

Ursachen; denn (konnten sie sagen) die Ursachen (Triebfedern) unseres Willens seyen keine äussern und vorausgehenden. Es ist also ein bloßer Mißbrauch des gemeinen Sprachgebrauches, wenn wir sagen, es wolle Einer Etwas, oder wolle es nicht, ohne Ursache. Denn das „ohne Ursache" verstehen wir so, (er wolle Etwas, oder wolle es nicht) ohne eine äussere und vorausgehende Ursache, nicht, ohne alle Ursache. Gerade wie wir, wenn wir von einem Gefäße sagen, es sey leer, nicht den

Sprachgebrauch der Naturforscher berücksichtigen, welche behaupten, es gebe gar nichts Leeres; sondern so sprechen, daß wir, zum Beispiel, damit sagen wollen, es sey in dem Gefäße kein Wasser, kein Wein, kein Oehl; so wollen wir, wenn wir sagen, die Seele bewege sich ohne Ursache, nur zu verstehen geben, sie bewege sich ohne vorausgehende und äussere Ursache, nicht aber, überhaupt (ganz und gar) ohne Ursache. Von einem Atom selbst, wenn es sich vermöge seiner Schwere und seines Gewichts durch den leeren Raum bewegt, läßt sich sagen, es bewege sich ohne Ursache, weil keine Ursache von aussen hinzutritt. Auf der andern Seite aber, damit nicht alle Physiker sich über uns lustig machen, wenn wir sagen, es geschehe Etwas ohne Ursache, muß man wieder unterscheiden, und so sprechen, das sey eben die Natur eines untheilbaren Körpers, daß er durch (sein) Gewicht und (seine) Schwere in Bewegung gesetzt werde, und eben Dieß sey die Ursache, warum er diese Richtung nehme. Gleicherweise braucht man zu (Erklärung der) freiwilligen Bewegungen der Seele keine äussere Ursache aufzusuchen. Denn die freiwillige Bewegung ist ihrer Natur nach von der Art, daß sie in unserer Gewalt ist, und zu Folge unseres Willens geschieht, und Dieß nicht ohne Ursache. Denn die Ursache davon ist eben ihre Natur. Da sich Dieß so verhält, warum soll denn der Satz nicht gelten, daß jeder bestimmte Ausspruch entweder wahr oder falsch sey, ohne daß wir zugeben müßten, es geschehe Alles, was geschieht, dem Schicksal zu Folge. Weil dasjenige Künftige, sagt er, nicht wahr (wirklich) seyn kann, was keine Ursachen hat, warum es in Zukunft seyn soll; so muß nothwendig Das, was wirklich ist, Ursachen haben; folglich muß es, wenn es geschehen ist, dem Schicksal zu Folge geschehen seyn.

12.

Der ganze Streit ist abgethan, in so fern man dir zugeben muß (daß nur zwei Fälle möglich seyen), daß entweder Alles zu Folge des Schicksals geschehe, oder daß Etwas ohne Ursache geschehen könne. Kann folgender Satz: „Scipio wird Numantia erobern," anders wahr seyn, ausser wenn von Ewigkeit her Ursachen, die immer wieder neue Ursachen veranlassen, es bewirken? Hätte Dieß falsch seyn können, wenn es eine lange Reihe von Jahrhunderten wäre vorausgesagt worden? Und (wirklich) wäre damals der Satz: „Scipio wird Numantia erobern," nicht wahr gewesen, so wäre selbst nach

Zerstörung dieser Stadt der Satz: „Scipio hat Numantia erobert," nicht wahr. Kann also Etwas geschehen seyn, dessen künftiges Geschehen nicht (zum Voraus) wahr gewesen ist? Denn so wie wir dasjenige Vergangene wahr nennen, dessen Bevorstehen in früherer Zeit wahr gewesen ist, so nennen wir das Künftige wahr, dessen Bevorstehen in der kommenden Zeit wahr seyn wird. Und wenn jeder ausgesprochene Satz entweder wahr oder falsch ist, so folgt daraus noch nicht gleich, daß unveränderliche und gar ewige Ursachen Statt finden, welche es verhindern, daß irgend Etwas sich anders ereigne, als es sich ereignen werde (sich zu ereignen bestimmt sey). Zufällig sind die Ursachen, welche bewirken, daß Das mit Wahrheit gesprochen wird, was so ausgesprochen werden wird: „Cato wird in den Senat kommen," nicht aber liegen sie in der Natur der Dinge und der Welt. Und dennoch ist es eben so unabänderlich, daß er kommen werde, wenn es wahr ist, als daß er gekommen sey, man braucht aber deßwegen doch kein Schicksal und keine Nothwendigkeit zu fürchten. Man wird nämlich (nur) gestehen müssen: Wenn der Satz, „Hortensius wird auf das tusculanische Landgut kommen," nicht wahr ist, so folgt, daß er falsch ist. Jene dagegen wollen kein's von beiden gelten lassen, was eine baare Unmöglichkeit ist. Auch wird uns jene Schlußweise, die man den *faulen Schluß* nennt, nicht im Wege stehen. Es gibt nämlich eine Folgerungsweise, welche die Philosophen den faulen Schluß (αργὸς λόγος) nennen, dem zu Folge wir in unserem ganzen Leben schlechterdings Nichts thun dürften. Jene Schlußweise ist aber folgende: „Ist es über dich verhängt, von dieser Krankheit zu genesen, so magst du einen Arzt beiziehen oder nicht, du wirst genesen.“ Ferner: „ist es über dich verhängt, von dieser Krankheit nicht zu genesen, so magst du einen Arzt beiziehen oder nicht, du wirst nicht genesen.“ Das Eine aber oder das Andere ist vom Schicksal verhängt; folglich ist es zwecklos, einen Arzt zu gebrauchen.

13.

Mit Recht hat man diese Schlußform den faulen und trägen Schluß genannt; denn mit derselben Folgerungsweise läßt sich alles Handeln aus dem Leben verbannen. Man kann ihr aber auch eine andere Form geben, wobei man das Wort Verhängniß (Schicksal) gar nicht zu setzen braucht, und doch denselben Satz herausbringt; nämlich so: Ist von Ewigkeit der Satz wahr gewesen, „du wirst von dieser Krankheit genesen,“ so magst du einen Arzt zuziehen oder nicht, du wirst genesen. Ferner: Wenn von Ewigkeit her der Satz falsch gewesen ist, „du wirst von dieser Krankheit genesen;“ so magst du einen Arzt zuziehen oder nicht, du wirst nicht genesen. Und so weiter. Diese Folgerungsweise wird vom Chrysippus getadelt. „Es gibt nämlich, sagt er, in den Dingen (Begebenheiten auf der Welt) einige, die einfach, andere, die zusammengesetzt sind. Einfach ist: „An diesem Tage wird

Socrates sterben.“ Diesem ist, er mag Etwas thun oder nicht, der Todestag bestimmt. Aber wenn der Spruch des Schicksals so lautet: „Dem Laïus wird Oedipus geboren werden;“ so wird nicht gesagt werden können: „es mag nun Laïus einem Weibe beiwohnen oder nicht;“ denn Dieß hängt mit dem Vorigen nothwendig zusammen, und ist Jenes verhängt, so auch Dieses, oder es ist *mitverhängt*;“ so nennt er es nämlich, weil es verhängt ist, daß Laïus seiner Gemahlin beiwohnen werde, und daß er mit ihr den

Oedipus zeugen werde. Gleicherweise, wenn ausgesprochen wäre: „Milo wird bei den Olympischen Spielen ringen;“ und es würde Einer erwiedern: „er wird also ringen, er mag einen Gegner oder keinen haben,“ Der würde irren. Denn der Ausspruch: „er wird ringen,“ enthält etwas Zusammengesetztes, weil ein Ringen ohne einen Gegner nicht Statt finden kann. Demnach lassen sich alle dergleichen Trugschlüsse auf dieselbe Weise widerlegen. Es ist ein Trugschluß, zu sagen: „Du wirst genesen, du magst einen Arzt zuziehen oder nicht.“ Denn es ist eben so gut verhängt, daß du einen Arzt brauchest, als daß du genesest. Dergleichen nennt er, wie gesagt. mitverhängt.

14.

Carneades sprach sich gegen dieses ganze Verfahren tadelnd aus, und hatte die Ansicht, diese ganze Folgerungsweise sey allzu übereilt. Er suchte der Wahrheit also auf einem andern Wege beizukommen, ohne alle Verdrehung, und schloß auf folgende Weise: „Geschieht Alles vorangegangenen Ursachen zu Folge, so geschieht Alles auf eine durch natürlichen Zusammenhang verknüpfte und verbundene Weise. Ist Dieß so, so wird Alles durch die Nothwendigkeit bewirkt; und ist Dieß wahr, so steht Nichts in unserer Macht. Es steht aber Etwas in unserer Macht. Allein wenn alles in Folge des Verhängnisses geschieht, so geschieht auch Alles zu Folge vorangegangener Ursachen. Es geschieht also nicht Alles, was geschieht, dem Verhängniß

(Schicksal) zu Folge. Eine strengere Schlußfolge läßt sich nicht machen. Denn wollte es Einer umdrehen und erwiedern: „Wenn alles Künftige von Ewigkeit her wahr ist, so daß es wirklich so erfolgen muß, wie es sich ereignen wird, so ist nothwendig, daß Alles auf eine durch natürlichen Zusammenhang verknüpfte und verbundene Weise geschehe,“ Der würde damit Nichts sagen. Denn es ist ein großer Unterschied, ob eine Natururſache das von Ewigkeit zu geschehen Bestimmte wahr mache, oder ob, auch ohne von Natur bestimmte ewige Nothwendigkeit, sich begreifen lasse, daß, was zukünftig sey, wahr sey. Darum sagte Carneades, selbst Apollo könne nicht sagen, es werde sich Etwas zutragen, ausser solche Ereignisse, deren Ursachen so in der Natur liegen, daß sie nothwendig geschehen müssen. Denn auf Was blickend (in welcher Hinsicht) könnte denn der Gott selbst sagen, Marcellus (ich meine Den, der dreimal Consul war) werde im Meere umkommen? Es war Dieß nämlich von Ewigkeit her wahr, ohne daß (ewige) Ursachen, die es bewirkten, Statt fanden. So glaubte er auch, selbst das Vergangene, von dem keine Zeichen, gleichsam als Spuren, mehr vorhanden wären, sey dem Apollo nicht bekannt; um wie viel weniger das Künftige. Denn erst, wenn man die jedes Ereigniß bewirkenden Ursachen kenne, könne man wissen, Was geschehen werde. Also habe auch Apollo nicht einmal vom Oedipus voraussagen können, wofern nicht die Ursachen davon zuvor in der Natur gelegen wären, daß sein Vater von ihm getödtet werden müsse, noch sonst Etwas dergleichen.

15.

Wenn es deswegen sich mit den Grundsätzen der Stoiker, welche behaupten, es geschehe Alles dem Verhängnisse zu Folge, wirklich verträgt, dergleichen Orakelsprüche, und dem Uebrigen, was angeblich zur Weissagung gehört, Glauben beizumessen; Diejenigen aber, welche, was zukünftig ist (geschehen wird), für von Ewigkeit her wahr erklären, nicht Dasselbe sagen dürfen, so möchte ihre Sache doch wohl eine ganz andere seyn, als die der Stoiker. Denn Diese sind in engere Schranken gebannt; Jene können unbeschränkter und freier folgern. Gibt man zu, es könne sich Nichts ereignen, außer in Folge einer vorangegangenen Ursache: was gewinnt man, wenn man sagt, es hange diese Ursache nicht mit einer ewigen Verkettung von Ursachen zusammen? Eine Ursache aber ist Das, was Dasjenige bewirkt, wovon es Ursache ist; z. B. eine

Wunde (Ursache) des Todes, Unverdaulichkeit (Ursache) einer Krankheit, Feuer (Ursache) einer Entzündung. Man muß also, wenn von einer Ursache die Rede ist, sich die Sache nicht so denken, als sey Das, was jedem Ereignisse vorausgeht, dessen Ursache, sondern Das, was ihm, es bewirkend, vorangeht; und daß (z. B.) nicht (der Umstand), daß ich mich auf das Marsfeld begab, Ursache gewesen sey, warum ich Ball spielte; auch nicht, daß Hecuba die Ursache des Unterganges für die

Trojaner gewesen, weil sie den AlexanderSein gewöhnlicherer Name ist Paris.geboren hat, auch nicht Tyndareus (Ursache des Unterganges) für den Agamemnon, weil er die Clytämnestra erzeugte. Denn dürfte man so schließen, so wäre auch ein gut gekleideter Wanderer Ursache für einen Straßenräuber, daß dieser ihn ausplünderte. Und in diesem Sinne heißt es auch in der bekannten Stelle bei Ennius:

O wäre nicht im Pelischen Hain vom Aexteschlag

Gefällt zum Boden hingestreckt der Tannenstamm!

Er konnte auch noch weiter ausholen. „O wäre auf dem Pelios nie ein Baum gewachsen!“ oder noch weiter: „O gäbe es doch keinen Berg Pelios!“ und so könnte man, immer auf etwas Früheres kommend, in's Unendliche zurückgehen:

Und hätt' ein Schiff daraus zu
zimmern nie man doch
Begonnen — —

Wozu das Bisherige? Weil dann darauf folgt:

Nicht trät' im Wahnsinn meine

Herrin aus dem Haus,

Medea, herzkrank, blutend von der

Liebe Pfeil.

Als ob jene Dinge Ursachen der Liebe herbeiführten!

16.

Sie nehmen aber einen Unterschied an, ob Etwas von der Art sey, daß ohne dasselbe ein Anderes nicht bewirkt werden könne, oder von der

Art, daß ein Anderes nothwendig dadurch bewirkt werde. Kein's von jenen Dingen ist folglich Ursache, weil keines durch eigene Wirksamkeit Dasjenige hervorbringt, als dessen Ursache es angegeben wird; auch ist (überhaupt) Das, ohne welches Etwas nicht geschehen kann, nicht dessen Ursache; sondern Das, was durch seinen Zutritt Dasjenige, dessen Ursache es ist, nothwendig bewirkt. Denn als Philoktetes das durch den Biß der Schlange verursachte Geschwür noch nicht hatte, was lag in der Natur für eine Ursache, daß er auf der Insel Lemnos zurückgelassen werden sollte? Später aber trat eine nähere und mit dem Erfolg enger verbundene Ursache ein. Die Art und Weise des Erfolges legte also hier die Ursache an den Tag. Allein es war (darum doch) der Satz von Ewigkeit wahr: „Philoktetes wird auf der Insel zurückgelassen werden;“ und Das ließe aus einem Wahren sich nicht in ein Nichtwahres verwandeln. Denn es muß nothwendig von zwei entgegengesetzten Dingen (entgegengesetzt aber nenne ich hier diejenigen, von denen das eine Etwas bejaht, das andere (es) verneint) also von diesen muß nothwendig, Epicurus mag sich sträuben wie er will, das Eine wahr, das Andere falsch seyn. So war denn der Satz: „Philoktetes wird verwundet werden," alle Jahrhunderte zuvor wahr, und der: „er wird nicht verwundet werden," falsch. Wir müßten nur etwa dem Wahne der Epicuräer zugethan seyn, welche behaupten, dergleichen Sätze seyen weder wahr noch falsch;

oder wenn sie sich Das (zu behaupten) schämen, doch folgendes (im Grunde) noch Unverschämtere sagen: „von entgegengesetzten Dingen seyen die Entgegensetzungen wahr, allein was in ihnen ausgesprochen sey, von dem sey das Eine so wenig wahr, als das Andere." Das nenne ich eine wunderliche Anmaßung, und eine beklagenswerthe Unkenntniß der Denkgesetze. Denn wenn irgend etwas Ausgesprochenes weder wahr noch falsch ist, so ist es doch wenigstens gewiß nicht wahr. Was aber nicht wahr ist, wie ist denn möglich, daß Dieß nicht falsch sey? oder was nicht falsch ist, wie ist möglich, daß Dieß nicht wahr sey? Es muß also der Satz fest stehen, der von Chrysippus vertheidigt wird: daß jeder ausgesprochene Satz entweder wahr oder falsch sey; unsere Vernunft aber nöthigt uns anzunehmen, sowohl daß einige Dinge von Ewigkeit her wahr seyen, als auch, daß sie nicht durch eine ewige Verkettung von Ursachen an einander hangen und von der Nothwendigkeit des Schicksals frei seyen.

17.

Ich denke mir nun die Sache so: Chrysippus fand, daß bei den alten Philosophen zwei entgegengesetzte Ansichten herrschten, indem die Einen behaupteten, es geschehe Alles in Folge des Verhängnisses, und zwar so, daß dieses Verhängniß eine unwiderstehliche Nothwendigkeit herbeiführe; eine Ansicht, welcher Democritus, Heraclitus, Empedocles und Aristoteles zugethan waren; die

Andern den Satz aufstellten, es seyen ohne allen Einfluß des Schicksals die Bewegungen der Seele ganz willkührlich. Da wollte denn Chrysippus, wie ein erbetener Schiedsrichter, vermittelnd einschreiten; er neigt sich indessen doch mehr zu Jenen hinüber, welche die Bewegungen der Seele von dem Zwange der Nothwendigkeit befreit wissen wollen. Indem er aber sich dabei in seiner Weise ausdrückt, verwickelt er sich so, daß er wider seinen Willen die Nothwendigkeit des

Verhängnisses bestätigt. Wie es sich nun damit verhält, Das wollen wir, wenn es beliebt, an den Beistimmungen (als wahr angenommenen Sätzen) sehen, über die ich mich im Eingange meines Vortrags verbreitet habe. Von diesen sagten nämlich jene Alten, die annahmen, es geschehe Alles dem Verhängnisse zu Folge, sie werden durch eine unwiderstehliche Nothwendigkeit herbeigeführt. Diejenigen aber, welche entgegengesetzter Ansicht waren, erklärten die Beistimmungen für unabhängig vom Schicksal, und erklärten, daß, wenn man das Schicksal mit den Beistimmungen in Verbindung setze, sich die Nothwendigkeit nicht davon trennen lasse. Diese folgerten dann auf diese Weise: „Geschieht Alles durch das Schicksal (Verhängniß), so geschieht Alles in Folge einer vorausgegangenen Ursache; ist Dieß bei der Neigung der Fall, so auch bei Dem, was auf die Neigung folgt: folglich auch bei den Beistimmungen.“ Wenn nun aber die

Ursache der Neigung (des Begehrens) nicht in uns liegt, so ist auch die Neigung selbst nicht in unserer Gewalt. Ist dem so, so hängt auch Das nicht einmal von uns ab, was die Folge (Wirkung) der Neigung ist. Es sind demnach weder die Beistimmungen noch die Handlungen in unserer Gewalt. Und daraus folgt denn, daß es eben so wenig gerecht ist, Jemand zu loben, als ihn zu tadeln, Jemand zu ehren, als ihn zu bestrafen. Da Dieß nun aber schlechterdings verwerflich ist, so glauben sie den

Schluß mit ziemlicher Wahrscheinlichkeit machen zu dürfen, daß nicht Alles, was geschieht, dem Verhängnisse zu Folge geschehe.

18.

Chrysippus aber, da er einerseits die Nothwendigkeit verwarf, andererseits jedoch nicht annehmen wollte, daß Etwas ohne vorausgesetzte Ursache geschehe, macht einen Unterschied unter den Arten der Ursachen, um auf der einen Seite der Nothwendigkeit zu entgehen, auf der andern das

Schicksal beizubehalten. Er sagt nämlich: „von den Ursachen sind die einen vollkommene und hauptsächliche die andern unterstüzende und nächste. Wenn wir deswegen sagen, es geschehe Alles dem Schicksal zu Folge nach vorangegangenen Ursachen, so wollen wir damit nicht sagen: nach vollkommenen und hauptsächlichen Ursachen, sondern weil unterstützende und nächste vorausgehen. Demnach begegnet er jener Folgerung, die ich kurz zuvor (als einen Schluß) aufgeführt habe, auf folgende Weise: „Wenn Alles dem Schicksal zu Folge geschieht, so folgt zwar, daß Alles nach vorausgesetzten Ursachen geschehe, allein nicht nach hauptsächlichen und vollkommenen, sondern nach unterstützenden und nächsten. Sind nun selbst diese nicht in unserer Gewalt, so folgt (doch noch) nicht, daß nicht einmal die Neigung in unserer Gewalt sey. Dieß würde aber folgen, wenn wir annähmen, es geschehe Alles in Folge vollkommener und hauptsächlicher

Ursachen, so daß, da diese Ursachen nicht in unserer Gewalt wären, auch die Neigung (das Begehren) nicht in unserer Gewalt wäre. Gegen Diejenigen also, welche das Schicksal in der Weise gelten lassen, daß sie die Nothwendigkeit daran anschließen, wird jene Schlußfolge gelten müssen. Die aber, welche die vorangehenden Ursachen für keine vollkommenen und hauptsächlichen erklären, werden jene Folgerung anzunehmen nicht genöthigt seyn. Denn daß man sagt, die Beistimmungen geschehen nach vorausgesetzten Ursachen, wie Dieß zu nehmen sey, darüber glaubt er leicht sich befriedigend (erklären) zu können. Denn wiewohl die Beistimmung nicht möglich sey, ohne Veranlassung durch einen sinnlichen Eindruck, so hat es damit, da dieser Eindruck nur eine nächste und keine hauptsächliche Ursache hat, doch die Bewandtniß, wie Chrysippus behauptet, die wir längst angegeben haben, nicht, daß jene (Beistimmung) möglich sey, ohne durch einen Einfluß von aussen angeregt zu seyn (denn die Beistimmung muß durch einen Sinneneindruck erregt werden), sondern er kommt auf seinen Cylinder und Kreisel zurück, welche ohne einen Anstoß von aussen nicht anfangen können sich zu bewegen; ist aber der Anstoß einmal gegeben, so glaubt er, daß weiterhin durch seine eigene Natur der Cylinder sich wälze und der Kreisel sich drehe.

19.

Wie nun, sagt er, Der, welcher dem Cylinder einen Stoß gegeben hat, ihm den Anfang der Bewegung gegeben hat, die Fähigkeit fortzurollen (Wälzbarkeit) aber nicht, so wird zwar der dem Sinne sich darbietende Gegenstand seine Gestalt der Seele eindrücken und gleichsam einprägen, allein die Beistimmung wird in unserer Gewalt seyn, und sie wird, wie (vorhin) vom Cylinder gesagt wurde, nachdem sie den Anstoß von aussen erhalten, im übrigen sich durch eigene Kraft und Natur bewegen. Ereignete sich eine Wirkung ohne vorangehende Ursache, so wäre es falsch, daß Alles dem Schicksal zu

Folge geschehe; wenn es aber wahrscheinlich ist, daß Allem, was geschieht, eine Ursache vorausgehe, was läßt sich für ein Grund anführen, warum man nicht zugestehen müßte, daß Alles dem Schicksal zu Folge geschehe? Nur übersehe man die Unterscheidung und die Verschiedenheit der Ursachen nicht. Da Dieß nun vom Chrysippus so erklärt ist, (so sage ich:) wenn Diejenigen, welche nicht zugeben, daß die Beistimmungen dem Schicksal zu Folge geschehen, dennoch zugestehen, daß sie nicht ohne einen vorausgegangenen sinnlichen Eindruck erfolgen, so ist Dieß beides nicht einerlei. Allein wenn sie zugeben, daß sinnliche Eindrücke vorausgehen, und dennoch die Beistimmungen nicht dem Schicksal zu Folge geschehen, weil jene nächste und unmittelbare Ursache die Beistimmung nicht errege, so möchten sie sich wohl in einem Kreise herum drehen. Denn wenn Chrysippus zugibt, daß die nächste und unmittelbare Ursache der Beistimmung in dem sinnlichen Eindrucke liege, so wird er darum noch nicht zugeben, daß diese Ursache der Beistimmung eine nothwendige (nöthigende) sey, so daß, wenn Alles dem Schicksal zu Folge geschieht, Alles in Folge vorangehender und nothwendiger (nöthigender) Ursachen geschehe; und ebenso werden Jene, welche mit ihm nicht übereinstimmen, während sie eingestehen, daß Beistimmungen nicht geschehen, ohne daß sinnliche Eindrücke vorausgehen, behaupten, wenn Alles dem Schicksal zu Folge auf die Weise geschehe, daß Nichts geschehe, ausser in Folge einer vorangegangenen Ursache, so müsse man gestehen, daß Alles dem Schicksal zu Folge (durch das Schicksal) geschehe. Und daraus läßt sich denn leicht begreifen, daß die Einen wie die Andern, weil sie bei Entwicklung und Darstellung ihrer Ansicht, auf dasselbe Ereigniß kommen, nur im Ausdrucke, nicht in der Sache selbst (Grundansicht) von einander abweichen; zumal, da der

Unterschied Statt findet, daß sich bei einigen Dingen mit Wahrheit sagen läßt, es stehe, wenn diese Ursachen voraus gegangen seyen, nicht in unserer Gewalt, daß Das nicht geschehe, dessen Ursachen sie gewesen sind; bei andern aber es, ungeachtet vorangegangener Ursachen, dennoch in unserer Gewalt stehe, daß Jenes sich anders ereigne, und diesen Unterschied beide Theile gelten lassen, nur daß die Einen behaupten, bei welchen Dingen die Ursachen so voraus gegangen seyen, daß es nicht in unserer Gewalt stehe, daß jene sich anders ereignen, diese geschehen durch das Schicksal; bei denen aber, welche in unserer Gewalt seyen, sey das Schicksal nicht im Spiel.

(Lücke.)

20.

Auf diese Weise muß man diese streitige Sache behandeln, nicht aber bei abschweifenden und von ihrer Richtung abweichenden Atomen Schutz suchen. Das Atom, sagt er, weicht ab. Erstlich (frage ich,) warum? denn sie haben eine verschiedene Kraft ihrer Bewegung, von Democritus die durch einen Trieb nach vorwärts, den er Stoß nennt, von dir, Epicurus, die durch Schwerkraft und Gewicht. Was findet sich nun in der Natur für eine neue Ursache, die das Atom zum Abweichen bringt? oder loosen sie untereinander, welches abweichen müsse, und welches nicht? oder warum sollen sie um einen kleinsten Theil abweichen, um einen größern nicht? Oder warum nur um *einen* kleinsten, und nicht um zwei oder drei. Das heisse ich voraussetzen, nicht beweisen. Denn du sagst weder, das Atom werde durch einen Anstoß von aussen von seiner Stelle gerückt und zum Abweichen gebracht, noch daß in jenem leeren Raume, durch den das Atom sich bewege, irgend eine Ursache vorhanden gewesen sey, warum es sich nicht senkrecht bewege; noch ist in dem Atom selbst irgend eine Veränderung vorgegangen, weßwegen es nicht die natürliche Bewegung seiner Schwere zu Folge behalten sollte. Ungeachtet er demnach keine Ursache beigebracht hatte, die jene Abweichung bewirken sollte, bildet er sich doch ein, etwas (Vernünftiges) zu sagen, wenn er Etwas behauptet, was der (gesunde) Verstand aller Menschen verwerfen und verschmähen muß. Und wirklich hat, glaube ich, Keiner nicht blos das Schicksal, sondern sogar die unwiderstehliche Nothwendigkeit aller Dinge mehr bestätigt, und die freien Bewegungen der Seele aufgehoben, als Dieser, welcher gesteht, er habe auf eine andere Weise sich des Verhängnisses nicht erwehren können, als daß er zu diesen erdichteten (chimärischen) Abweichungen seine Zuflucht genommen habe. Denn, gesetzt es gäbe Atome, ein Satz dem ich nun einmal meinen Beifall nicht geben kann, so ließen sich doch jene Abweichungen nie erklären. Denn wenn es in Folge der Naturnothwendigkeit eine Eigenschaft der Atome ist, daß sie dem Gesetze der Schwerkraft zu Folge sich bewegen, weil jedes Ding, das eine Schwere hat, wenn ihm kein Gegenstand im Wege steht, sich bewegen und sinken muß, so ist auch Das nothwendig, daß einige Atome, oder, wenn sie wollen, alle, ihrer Natur nach abweichen müßten * * *

(Der Schluß fehlt.)

Georg Mose